JN440592

세미원

제17회 월하시조문학상 및 제1회 포은시조문학상 수상 기념

세미원

문복선 제8 시조집

한국문화사

세미원

1판 1쇄 발행 2018년 4월 5일

지 은 이 문 복 선
펴 낸 이 김 진 수
펴 낸 곳 **한국문화사**
등 록 1991년 11월 9일 제2-1276호
주 소 서울특별시 성동구 광나루로 130 서울숲IT캐슬 1310호
전 화 02-464-7708
팩 스 02-499-0846
이 메 일 hkm7708@hanmail.net
홈페이지 www.hankookmunhwasa.co.kr

책값은 뒤표지에 있습니다.

ISBN 978-89-6817-616-6 03810

이 도서의 국립중앙도서관 출판예정도서목록(CIP)은 서지정보유통지원시스템 홈페이지(http://seoji.nl.go.kr)와 국가자료공동목록시스템(http://www.nl.go.kr/kolisnet)에서 이용하실 수 있습니다.(CIP제어번호: CIP2018009080)

■ 시인의 말

나를 찾아가는 길

상재한 『세미원』은 나의 여덟 번째 시조집이다. 2013년에서 2015년 초까지의 작품 120여 편을 정리하였다. 하나의 작품집을 낼 때마다 항상 미흡함을 느낀다. 그러나 어찌하랴, 내 글 재주가 그뿐인 것을.

김태길은 "글을 쓴다는 것은 자기 자신을 정리하는 것"이라고 했다. 돈을 벌거나 명성을 얻으려고 글을 쓰는 것은 아니다. 글은 그 사람이다. 슬픔과 기쁨, 아픔과 고뇌 속에서 진실한 인생에 대한 거짓 없는 고백, 이것이 곧 글이다. 특히 시란 모든 예술 속의 여왕이라고 한다. "시적이 아닌 한, 나에게 있어서는 아무 것도 존재하지 않는다"라는 지드의 말처럼 하나의 시란 영원한 진리요, 미이며, 삶의 가치다. 시를 신들의 언어라고 부르는 것은 문자 그대로 진실이며, 보다 위대하고 아름다운 영혼의 음악이다. 예술로서의 시의 효용은 모든 사람에게 위안과 안정감을 주고 희망과 용기를 갖도록 해야 하며, 지식이 아닌, 인생의 가치와 방향의 제시 등 삶의 지혜를 주는데 있는 것이다. 그래서 시인은, 시의 본질이 무엇인가를 알아야 한다.

결국 시를 쓰는 이유는 자아발견과 연결된다. 삶에서 가장 중요한 것은 자기가 완전히 자기 자신의 주인이 되는 것이다. 존재로서의 나는 삶의 출발점이며, 우주의 중심이기도 하다. 존재한다는 것은 하나의 선善이요, 진리다. 이를 찾아야 한다.

나는 삶의 여행을 하고 있다. 내 삶의 의미와 가치와 본질이 무엇인지를 찾아야 하고 또 알아야 한다. 그래야 인간 세상과 실존적 융합을 하고, 그래야 나는 행복해질 수가 있다. 삶의 기쁨과 슬픔, 사랑과 미움, 진실과 거짓, 구속과 자유, 악과 선, 행복과 불행 등 이들과 만나야 한다. 발바닥이 뭉개져도 만나서 가슴을 활짝 열어야 한다. 만남은 삶의 가치를 창조하는 것이다. 얼룩지고 초라해도 나는 나를 만나기 위해서 오늘도 시조작품을 창작한다.

바쁘신 데도 따뜻이 도와주신 한국문화사 김진수 사장님과 김태균 전무님께 감사의 말씀을 드린다. 그리고 매번 멋진 표제를 써주신 조한홍 회장님과 좋은 그림을 제공해주신 이숙영 작가님께도 깊은 감사의 말씀을 드린다.

2018년 봄, 도곡재에서 문복선

■ 차례

▪시인의 말: 나를 찾아가는 길__3

1부 연못가에 앉아서

그리움을 건지는 소녀__15
두물머리__16
연꽃__17
연못가에 앉아서__18
산책__19
남한강 갈대 바람__20
어쩌다__21
초희楚姬여, 님이시여__22
빈 바구니__23
해금__24
섬이 되어__25
흔들리는 돌탑__26
아쟁__27
산가山家__28
대금__29

님이 거기 있다기에__30
향을 입고 오는 님아__31
망향望鄕__32
가야금 2__33
툇마루__34
눈빛__35
가을 밤에__36
만남__37
봄바람__38
향수__39

2부 동백정

동백정__43
네 이름 부르다가__44
봄 길 따라 오는 님__45
표주박__46
배꽃이 피는 언덕__47
아이들 노는 소리__48

예당호 부근__49
한가위 아침에__50
탈출__51
내 마음 속의 연못__52
해당화 2__53
마음의 안경__54
별 꽃 여무는 언덕길__55
님이 오시는 날__56
가을의 문턱에서__57
가을밤 창문을 열고__58
기다림 7__59
함께 가는 길__60
양재천 찔레꽃__61
강변 찻집에서__62
가야금 소리__63
하얀 대화__64
보랏빛 종소리__65
파도야__66
미련 2__67

3부 강물은 혼자서 흐르지 않는다

산정山情 5__71
가을 비__72
강물은 혼자서 흐르지 않는다__73
계절의 목마름__74
농다리__75
들꽃들의 함성__76
청학동에 내리는 비__77
햇살의 노래__78
산정山情 6__79
백양사 가는 길__80
반달__81
비 갠 봄날 아침에__82
양귀비꽃__83
갈색 바람__84
장봉도__85
바람의 무게__86
안개__87

상강 무렵__88
그 순수의 날갯짓__89
선사 유적지__90
들국화의 독백__91
보정동 가는 길__92
강변 산책__93
갯벌__94
바람으로 서서__95

4부 세미원

돌샘__99
세미원洗美苑__100
주련__101
산골 종착역__102
날씨__103
물동이__104
세월의 미소__105

향수를 달래며__106
시간의 깃을 세우고__107
마디__108
징 소리__109
그늘에 핀 꽃__110
둠병 푸기__111
죽순竹筍__112
잡초들의 노래__113
발효의 조화__114
길림 시조백일장__115
화장을 지우는 여인__116
갈매기__117
오악산인을 기리며__118
시인은__119
들길을 걸으며__120
사유思惟가 눈뜨는 날__121
군살 떼어내기__122
길을 걸으며__123

5부 보리암 가는 길

보리암 가는 길__127
고물상을 찾았더니__128
가두리 양식장__129
노櫓를 잃어봐야__130
마음의 가시__131
나목裸木의 꿈__132
심지__133
과일을 깎으며__134
백두산을 오르며__135
용정龍井을 지나며__136
아, 두만강__137
조약돌 2__138
커피를 마시며__139
떨이__140
보정동에서__141
철드는 나이__142
빈 둥지__143

절을 찾는 여인__144
낙엽의 무게__145
양푼 매운탕 집__146
달력을 넘기는 봄 향기__147
행간만 살아온 시간__148
골목시장을 거닐며__149
깨지는 것들__150
시조 사랑 위한 축시__151

제17회 월하시조문학상 심사평__153
제1회 포은시조문학상 심사평__156

1부

연못가에 앉아서

아쉬워 파란 바람도
뒤돌아서 귀를 연다

그리움을 건지는 소녀

유월의 밤하늘은
소녀의 가슴이다

숨은 별 살포시 내려
다리 난간 기대앉아

물소리 끝자락 깔고
그리움을 건진다.

두물머리

두 가슴 정을 섞어
'두물머리' 이름인가

타는 놀 가로 질러
백학 날개 산그늘에

갈바람
별빛 굴리며
갈대 숲을 앓는다.

연꽃

소원이 무어더냐
동승의 하얀 합장

시간은 아픔 감아
연밥을 올려놓고

파란 잎
흔드는 바람
정토 위에 앉는다.

연못가에 앉아서

오월의 맑은 노랠 훔치듯 밟노라니
소맬 잡는 황금 햇살 따슨 미소 길을 막아
물 무늬 던진 몸짓에 미끄러진 내 마음.

아침나절 창포꽃이 앉아 놀다 갔나 보다
풋풋한 살 냄새가 시간을 빗질하면
빈 손을 살고 있어도 향기 돋는 내 하루.

지난 밤 별빛들이 흘리고 간 사랑 얘기
아직도 꽃 빛 체온 가시지 않았는가
아쉬워 파란 바람도 뒤돌아서 귀를 연다.

*제17회 '월하시조문학상' 수상작품(2016)

산책

돌아보면 아무도
따라오는 사람 없고

다시 봐도 그 누가
부르는 이 하나 없어

가을밤
지나는 바람도
맘 둘 곳이 없나 보다.

남한강 갈대 바람

남한강 갈대 숲에 황혼의 깊은 너울
가는 가지 휘청 앉는 백로의 하얀 무게
긴 날개 접는 몸짓에 은빛 물결 흔들려.

살포시 내린 별빛 강 언덕은 사랑이다
봄바람 목마름이 깊은 창문 두드리면
나그네 갈색 외로움 속옷 벗듯 터는가.

허기진 어둠 끝에 가슴 여는 맑은 강물
물안개 이는 향기 어깨를 두드리면
갈대는 시린 웃섶을 바람 속에 풀고 있다.

어쩌다

어쩌다 네 이름을 잊었다 하더라도
너무나 심하게는 나무라지 말아라
가을밤 이슬 털면서 네 목소릴 줍고 있다.

더러는 네 얼굴을 잊는다 하더라도
눈물이 나도록은 야단치지 말아라
서녘 달 갈대 숲 그늘 네 미소를 찾고 있다.

초희楚姬여*, 님이시여

경포호 길을 물어 초희를 찾았더니
살 터진 소나무 숲 깊은 그늘 가로 막아
아픔을 버틴 세월들 눈을 감는 그 중량.

처마 끝 서린 기운 아직도 꼿꼿하고
사르르 대문마다 스치는 옷깃소리
담장 밑 하얀 꽃 그늘 님이신가 그 미소.

깊은 방 햇살 마루 글 읽고 붓을 치고
시 사랑 맑은 향기 중화 멀리 꽃 빛 너울
님이여 겨레의 향기여, 자랑으로 나도 꽃.

* 허난설헌의 본명(명종18~선조22). 허균의 누이. 시인 이달에게 시를 배워 천재적 시재詩才를 발휘하여 그 명성이 중국에까지 퍼짐.

빈 바구니

휴지통 옆에 앉아
무얼 또 비우려 하나

가슴이 따습던 님
고운 손길 정을 담아

아직도 연홍 빛 향기
상그레 미소인데.

해금

목메어 울컥울컥
살 떨리는 님의 노래

끝내는 못다 부를
사랑의 아픔인가

흔들어
멍울진 마디
달빛 끝을 울어라.

섬이 되어

외로움이 밀려오면 내 마음은 섬이 된다
지고 온 미련들을 이랑 깊이 던져놓고
석양이 깃 내릴 때쯤 젖은 옷을 벗는다.

어둠이 밀물지면 파도는 밤을 울고
흔들리는 달빛 아래 어린 물새 첫 나들이
어디쯤 날고 있는가 기다림은 아픔이다.

그늘 끝 바위 아래 파란 이끼 빗질하며
빈 둥지 품고 있는 새벽 별 속삭임에
남풍은 하얀 날개로 쪽빛 사랑 감는다.

흔들리는 돌탑

구멍 숭숭 제주 돌담
태풍에도 천 년이고

높고 낮은 마이산 돌탑
흔들려야 안 쓰러져

비바람
자식 걱정에
어머니 눈물 흔들려.

아쟁

밀었다 당겨 채면 흐느끼는 하얀 핏줄
멎을 듯 목 메일 땐 내 가슴도 멈추겠다
마디 숨 오르내리는
네 운명은 아픔이다.

그리움이 흔들더냐 지난 세월 한이더냐
만남도 순간이라 이별은 그리 멀어
긴 소매 떨리는 가락
님 오실 날 짚는가.

산가山家

햇살이 스친 마루 걸터앉는 그늘자락
처마 밑 돌아내린 시간을 만지다가
울타리
매달린 호박 살짝 트는 아낙네.

열 사흘 달이 뜨면 잎새들은 파란 밀어
앞 개울 맑은 속살 달빛 훔쳐 통정通情인데
두견도
보채는 울음 호젓한 밤 앓는다.

대금

내 가슴 열어다오, 생명으로 서고 싶다
가을밤 푸른 달빛 님의 옷깃 흔들다가
안으로 타는 세월을 마디마디 녹이리.

목마름을 적셔다오, 내 덩실 춤을 추마
열두 폭 학의 날개 구름 너머 먼 하늘
시린 정 아픔을 눌러 그리움을 태우리.

님이 거기 있다기에

있다기에, 떠난 님이
거기에 가 있다기에

봄바람 앞세우고
마구 달려 꽃 빛 너울

고운 정 타는 기다림에
흔들리는 먼 옛날.

향을 입고 오는 님아

홍매화가 타고 있다 복사꽃도 흔들린다
애잔한 멜로디*에 여린 꽃잎 떨리는데
어디쯤 오고 계신가 옷깃소리 멀어라.

꽃 그늘 그리 깊어 님의 노래 아련하다
향기에 취했는가 음계 사이 숨었는가
상그레 어리는 눈빛 꽃 향기만 던지네.

*café: '봄의 향기' 영상 배경 음악

망향望鄕

남풍이 고운 날엔
언덕에 올라 본다

오월은 청 보리 물결
물오르는, 부푼 가슴

하아얀 감 꽃 향기를
걸어주던 소녀야.

가야금 2

가슴으로 짚는 가락 사르르 감기는 눈
떨림 끝 고운 소매, 넌 지금 울고 있다
깊은 밤 아픈 상처가 덧나버린 하얀 영혼.

마디 숨 올려 채는 두 눈은 젖은 별빛
낮게 깔아 조여들 땐 촛불도 아픔인데
떠난 님 그리 못 잊어 앞섶 푸는 흔들림.

못 견뎌 거친 숨결 울컥울컥 뒤틀다가
멎을 듯 맑은 여운 오동꽃 담장 넘네
피 멍든 열두 줄 사랑 머언 달빛 흔든다.

툇마루

걸쳐놓은 송판 한 쪽 누구를 기다리나
풋풋한 봄나물에 따스운 정 도란도란
누나는 햇살을 털며 외로움을 다듬어.

내 마음 툇마루는 언제나 저 혼자다
가끔은 꽃 향기가 잠깐 놀다 떠나가면
살포시 내린 별 꽃이 내 앞섶을 훔친다.

눈빛

밤새도록 매달고서
태워보는 내 마음

흔들리는 머언 별빛
갈증으로 다가온다

언제쯤
말하려는가
눈빛 젖은 그 미소.

가을 밤에

타버린 속정이야
다시 돋아 젖은 별빛

만남은 한참 멀어
맨발로 가을 밤을

내 마음 졸라매고서
별 밭 길을 달린다.

만남

살며시 풀어보는 회색 빛 빗장이야
세월의 깊은 질곡 아픔 터는 몸짓인 걸
강물도 뒤돌아 서서 가슴 여는 설레임.

만남이 허황한가 마음이 그러한가
스치는 바람결에 몸살하는 별빛이야
어둠이 천 번 내려도 미소 고운 님인데.

봄바람

남쪽 벌 꽃 빛 바람 두렁길 멀리 돌아
연둣빛 봄의 소리 묻어오는 아침나절
내 고향 터지는 동백 핏빛 언어 남겨놓고.

외딴 집 목련꽃잎 입술을 훔치다가
청 보리 이랑마다 물오르는 파란 몸짓
뒷동산 타는 진달래 깊은 속정 얼우고.

앞 개울 맑은 물에 밤안개 몸을 풀면
흔들리는 하얀 별빛 목마름을 한 입 물고
고갯길 이는 바람에 기다림을 앓는다.

향수

1
고향이 그리울 땐 산 너머 남쪽 하늘
미루나무 속잎 피는 사월의 봄 향기에
소녀는 나물을 뜯다 보리밭 길 떠나고.

2
뒹구는 파도 끝에 도요새 깃을 치면
모래 언덕 그늘 아래 해당화 핏빛 눈물
기다림 타는 저녁놀 젖어버린 옛 고향.

2부
동백정

새벽에 터지는 향기
파도마저 아파 운다

동백정*

석양녘 꽃 물결에
두 귀를 열어 씻고

깊은 밤 푸른 별빛에
가슴을 빗질하고

새벽에 터지는 향기
파도마저 아파 운다.

*동백정: 충남 서천군 서면 마량리에 있는 정자. 이른 봄 해변 온 동산에 500년 묵은 동백꽃이 피어 장관을 이룸. 천연기념물 제 169호

네 이름 부르다가

늦가을 저녁놀은 아무래도 너만 같아
던져보는 내 갈증이 흔들리며 구름 끝에
어쩌면 타는 기다림을 살짝 비켜 갔나 보다.

아쉬움에 젖은 가슴 지난 세월 거리만큼
부르다가 지쳐버린 내 목소리 간 데 없어
네 이름 한참 비켜서 허공으로 누웠는가.

봄 길 따라오는 님

산수 한 점 그리려다 멈춰버린 수채화
아무래도 내 재주론 마무리 할 수 없어
산 너머 봄이 오는 길 비워두고 말았다.

큰 붓에 물감 찍어 푸른 계곡 그었더니
천 년 바위 흔들린다 꽃 향기 이는 바람
길 없는 봄 길 끝자락에 숨어오는 그 눈빛.

표주박

갈증을 달래려고 물 한 박 뜨고 보니
하얀 속살 눈부셔라 고운 미소 모정인가
옛 고향 싸리울타리에 백옥 향이 흔들려.

스치는 옷깃자락 여무는 금빛 햇살
앞섶을 살짝 열고 아홉 살을 만지면서
한 모금 마시려 하자 흰 구름이 목에 걸려.

배꽃이 피는 언덕

꽃구름 송이송이 피어 오른 산 언덕에
그 누가 살고 있기 사립은 닫혀 있고
옥양목
하얀 언어만 처마 끝에 독백을.

벌 나비 날개마다 속살은 흔들리고
묻어나는 시린 향기 봄날이 그리 아파
황홀한
시심詩心의 침묵 날개 펴는 소녀야.

아이들 노는 소리

내 귀가 사는 곳은
아이들 놀이터다

내 영영 떠난대도
귀만은 놓고 갈란다

왜냐고
물어본다면
너는 정말 바보다.

예당호 부근

징검다리 건너서 산국향山菊香을 밟다 보면
은빛 푸른, 고운 물결 낚싯배와 꽃 빛 사랑
흰 구름 갈대 숲 속살
흔들리는 수줍음.

알알이 사과 향기 내려앉는 처마 그늘
사내는 낚싯대로 석양 털며 오나 보다
아낙은 향에 취했나
숨소리만 뒹굴어.

한가위 아침에

오늘은 뭇 새들도 귀성길에 올랐나 보다
아침햇살 맑은 향기 창문턱에 걸터앉아
'고향이 어디냐' 하고 혀를 차듯 묻는다.

뒷동산 그늘 끝 쪽 풋밤서리 밤을 샜지
부침개 쑥 송편에, 날개 달린 옷맵시에
성묘길 이슬 멀어도 산새 따라 뛰었다.

강강술래 깊어지면 달빛도 조는 서녘
꽃 댕기 땋아주던 어머니의 감빛 사랑
지금은 다들 어디에, 터지는 알밤 소리.

탈출

어디로든 떠나야지
애초 빈 손 아니더냐

맴도는 미련 속에
감기는 건 아쉬움뿐

바람은
날개를 펴고
유월 별 밭 달린다.

내 마음 속의 연못

담장을 헐어내고 마음 속에 연못을 판다
그늘 잃은 어린 난초 햇살 아래 시린 눈빛
담장 밖 청 대나무는 주책없이 먼저 춤을.

나그네 고갯길도 저만치 내려앉고
숲 속의 뻐꾹새 울음 먼 향수 물 무늬가,
내 마음 한참 좁아도 연못 속은 넉넉해.

하얀 수련 던져놓고 금빛 햇살 뿌려본다
구름 한 점 보내는가 꽃 바람 주춤주춤
정든 님 오려나 보다 무명 차나 끓여야.

해당화 2

밀물은 저 혼자서
독백으로 제 살 감고

지친 날개 새 한 마리
석양을 물고 오면

네 떨림
지친 기다림에
조여오는 그 아픔.

마음의 안경

다가서면 안 보이고,
멀어지면 잘 보이고

마음 속 내 안경은
원시가 분명하다

보고파
더 가까이 가면
아무 것도 안 보여.

별 꽃 여무는 언덕길

별 꽃이 쏟아지면 맑은 이슬 흔들리다
지나는 내 옷깃에 하얀 미소 문지르네
마음이 젖어버리면 더는 길 수 없는데.

시린 시간 굴리면서 푸른 설화 따고 싶다
밤하늘 옥 빛 언어 고독을 뿌려대면
언덕길 목마름으로 네 마음을 훔친다.

님이 오시는 날

백학白鶴으로 오시는 님 청청한 울음소리
바람은 하늬바람 되돌아서 사립 열고
석양은 심술이 났나 흰 구름만 태운다.

날갯짓 구름 돌아 초승달 희롱하다
수줍어 하얀 몸짓 어둠을 빗질하면
내 가슴 창가에 내리는 님이시여 먼 별빛.

가을의 문턱에서

매미는 남은 날을 더 달라고 울어대다
제 울음에 지쳐버려 아픈 몸짓 내려놓고,
바람은 옷을 벗은 채 수수밭 길 뒹군다.

또르르 우는 달밤 숲 속의 귀뚜라미
그 사연 무어길래 숨어서만 우는 건가
소녀는 가슴을 열고 추억 한 줌 긁는다.

여무는 갈색 시간 색칠하는 발자국들
담장 밑 봉선화는 수줍음을 뒤트는데
내 마음 푸른 장대로 별 꽃 언어 털어본다.

가을밤 창문을 열고

서창을 활짝 열자
청량한 가을바람

보고픈 님 날개 펴고
어디쯤 오시는가

귀뚜리 울음소리에
님의 마중 늦을라.

기다림 7

혹시나 오는 길을
잊었을까 걱정되어

종착역 한참 달려
처마 끝에 매단 호흡

황혼은
팔짱을 끼고
구름 한 점 던진다.

함께 가는 길

김치 걸쳐 아침 한 술 맛있게 비운 후에
흔들리는 창문 여니 유모차가 인사한다
목련 향 엄마의 미소 함께 바퀴 굴리며.

'삶의 바퀴 덜컹댄다' 세상은 볼멘 소리
길이 있어 함께 가고, 가다 보면 열리는 길
응혈을 녹여버리자 햇살 바퀴 굴리며.

양재천 찔레꽃

석양이 타는 소리에
몸살하는 하얀 향기

흐르는 맑은 물결
곁눈질로 만지다가

검은 돌 심술에 걸려
뒤집히는 옥 빛 미소.

강변 찻집에서

전통 차 뜨거운 김 입술에 달라붙고
방금 솟은 은산 달빛 볼그레 뒤트는데
가슴 속 흐르는 물 향기 흔들리는 내 눈빛.

별빛이 깊은 속살 갈대 숲을 파고들면
강물은 주춤주춤 하얀 몸짓 던지다가
잊혀진 세월 끝자락 갈증을 풀고 있다.

가야금 소리

술대도 하얀 활도 아예 없는, 긴 옷소매
떨리는 목마름이 애절히 뒤트는 밤
둥기둥
푸른 달빛을 휘어 감는 아픔인가.

내렸다 올려 채고 올렸다 다시 꺾는,
울컥울컥 마디마다 속살이 저려온다
열두 줄
에인 사랑을 피멍으로 울어라.

하얀 대화

숲 속 길 여문 이슬
신부처럼 하얀 떨림

잎새마다 파란 숨결
흔들리는 이 아침에

목마른
사랑의 언어를
이슬 끝에 매단다.

보랏빛 종소리

보랏빛 종소리에 아침은 보라 향기
흔들리는 따스 햇살 오동꽃 깊은 미소
내 마음 그늘 끝에도 꽃 빛 너울 타겠네.

낮은 담장 긴 그림자 석양은 벌써 내려
향 묻은 종소리에 갈증을 털어내면
내 가슴 시린 눈빛이 노을 아래 맑아라.

보랏빛 종소리에 하늘은 가슴 열고
촉촉한 달빛 속을 웃음처럼 달려온다
내 영혼 적시는 사랑 보라 향이 고와라.

파도야

파도야, 하루 종일 네 모습 훔쳐봐도
내 눈빛 지치거나 싫증나지 않는 것은
밀리는 백옥 빛 미소, 너를 닮고 싶은 거다.

파도야, 별 맑은 밤 네 노래 쪽빛 멀리
아련한 그 목소리 못 잊을 아쉬움에
새도록 가슴 끝자락 기다림을 감고 있다.

미련 2

지나간 아쉬움은 눈감아 버리지만
새순처럼 돋아나는 미련은 항상 남아
내 시간 앞섶에 달고 깊은 밤을 앓는다.

미련이 그리움으로 다가올 수 있는 날엔
가난한 날개 깃을 오롯이 펼쳐본다
갈증에 지친 세월을 무심으로 감으며.

3부

강물은 혼자서 흐르지 않는다

그리움 노 젓는 시인

가슴 푸는 물안개

산정山情 5

네 미소 맑은 날에
바람이 푸른 날에

물소리 무심 돌아
내 미련 천 번 돌아

평생을
청산 깊은 정
네 무게로 살고 싶다.

가을 비

강변 길 가을비는 아쟁의 가는 현이다
단풍잎 곱게 타는 산 너머 창가에서
가슴을 쓸어 내리는
하얀 손의 갈증이다.

멎을 듯 이어지는 빗방울은 가라앉고
들릴 듯 숨소리는 꿈처럼 멀어져 가
갈대꽃 외로움을 감는,
소리 없는 울음이다.

강물은 혼자서 흐르지 않는다

네 몸은 애초부터 혼자가 아닌 것을,
푸른 산 깊은 숲에 비구름 모두 불러
한 모금 백옥 물방울 몸을 섞는 그 순수.

무언들 마다하랴 제 길 따라 옷섶 풀고
청탁淸濁을 함께 감아 파란 꿈 날개 편다
무심한 흰 구름 몸짓 청산 돌아 긴 여행.

갈대밭 물새 노래 외로움이 흔들리고
정화된 살결 속에 꽃 빛 가을 떨어지면
그리움 노 젓는 시인 가슴 푸는 물안개.

타는 석양 내려놓고 어둠을 빗질하며
푸른 별빛 여무는 밤 제 무게로 몸살하다
끌고 온 시간 끝자락 다시 여민 하얀 모정.

계절의 목마름

가을 하늘 높아지면
아쉬움에 시린 가슴

계절도 바람 불면
그리 곱게 물들었다

쌓이는 목마름으로
잎새처럼 지는가.

농다리*

돌 바구니 쌓아 올린 기둥은 스물 여덟
돌다리 하얀 무게 햇살이 앞서 가면
가슴은 세월을 딛고 경이로움 함께 건너.

흐르는 물소리는 천 년을 그리 맑아
넘침도 모자람도 아예 없는, 넉넉한 도량
아련한 흰 옷의 숨결 그리움도 함께 건너.

*충북 진천군 문백면 초평호 아래에 있는 돌다리. 28개의 돌기둥(큰 돌을 모아 직사각형으로 쌓음) 위에 석판으로 연결함. 길이 약 98m로 고려시대 축조되었으며, 원형이 그대로 보존됨. 충북 유형문화재 제28호.

들꽃들의 함성

시간이 멈춘 대지 세상도 멎어버려
얼음장 상관하랴 하얀 어둠 밀어내며
생살로 아픔을 여는 눈물 같은 네 미소.

하늘하늘 봄바람에 환희의 춤 옷깃 떨려
떨어지듯 벌 나비도 고운 향기 문지른다
넓은 벌 담장 없는 여기 무엇인들 마다하랴.

이름 서로 만지면서 제 향기로 빗질하면
어둠도 비켜 앉는, 설렘이 타는 밤에
푸른 벌 꽃들의 함성 흔들리는 대지여.

청학동에 내리는 비

청학동 푸른 계곡
구름만 내려앉아

꾸벅꾸벅 서당 공부
책장만 넘기다가

맑은 물
어둠 굴리며
세속 멀리 빗질한다.

햇살의 노래

1
햇살은 바람보다 언덕에 먼저 내려
안개 속 꿈꾸는 나무 젖은 속살 얼우다가
부풀은 가지 끝마다 봄 향기를 뿌린다.

2
홑적삼 아이들은 담장 햇살 기대앉아
어머니 가슴인가 앞섶의 따슨 정에
졸다가 눈을 떠보면 건듯 부는 꽃 바람.

3
대숲의 맑은 노래 오월은 덩실 춤을,
탱자꽃 긴 울타리 하얀 미소 수줍음에
햇살은 살포시 앉아 첫사랑을 꿰고 있다.

산정山情 6

언제는 말하더냐
입을 열면 소인小人이다

새소리 바람소리
너울 따라 향기 따라

산 바위 푸르른 미소
가슴 열고 먼 하늘.

백양사 가는 길

백양사 가는 길은 물소리 바람소리
물에 어린 꽃잎들이 속살 씻는 아침나절
부끄럼 감추려는가 청풍 고운 물 무늬.

파란 그늘 잎새마다 감아 도는 풍경 소리
물 따라 구름 따라 티끌 털며 먼 정토
스님은 어디 계신가 선정禪定에 든 꽃 향기.

반달

갈증으로 오는 님아,
가슴 한 쪽 어디 두고

흔들리는 꽃 그늘에
젖어버린, 맑은 영혼

고독을
털고 있는가
기다림을 감으며.

비 갠 봄날 아침에

앞산은 선뜻 다가
옷섶 풀고 내 창가에

불끈 솟는 파란 죽순
아침 햇살 밀어 올려

내 시간
그늘 끝에도
향기 한 줌 앉겠네.

양귀비꽃

빛깔의 정령들이
독기 뿜는 아침나절

지나는 바람결이
혼절하여 쓰러진다

내 가슴 붉은 핏줄도
역류하다 멎을라.

갈색 바람

갈증을 한참 돌아
옷섶 풀고 오는 님아

긴 세월 흔들다가
가을을 헹구다가

내 마음 시린 창가에
갈색 언어 던지는가.

장봉도

노송老松도 칠월이면
젖은 옷을 다 벗는다

쪽빛으로 가슴 씻고
하얀 모래 발을 씻고

파란 눈
수평을 던져
그리움을 낚는다.

바람의 무게

매미는 제 운명의
끝을 잡고 길게 울고

귀뚜리는 길 잃은 님
찾아달라 슬피 운다

내 가슴 지나는 바람
갈색 소리 무거워.

안개

새벽의 푸른 안갠 산골짝에 홀딱 반해
풀잎이며 나뭇가지 모두 다 품에 안고
터지는 꽃 봉오리들 부끄럼을 가려준다.

시냇가 젖빛 안개 징검다리 숨 고르다
나그네 흰 옷자락 살포시 휘어 감고
촉촉한 꽃 빛 속살을 곁눈질로 만진다.

고샅 길 돌아 돌아 초가 담장 하얀 안개
사립을 어찌 열고 안마당에 들어왔나
고운 님 눈빛 가릴라 지름길도 못 보게.

상강 무렵

달빛이 하얀 서리 지붕 위에 뿌렸구나
알알이 단감나무 잎새마다 타는 몸살
그늘 진 내 마음 뜨락 감빛으로 익는다.

억새꽃 언덕 위에 아침햇살 몸을 풀면
청 보리 이랑마다 이슬방울 흔들리고
황혼을 지나는 철새 갈색 시詩를 떨군다.

그 순수의 날갯짓

1

이른 봄 꿈을 여는 목련의 하얀 아픔
백학의 날개인가 속살을 빗질하며
흰 구름 내리는 창가 흔들리는 눈부심.

2

비 오듯 단풍잎에 가을 언덕 청아해라
깊은 정 앓는 석양 귀뚜리 가슴 타고
들국화 목마른 향기 너울지는 그 순수.

선사 유적지*

스산한 봄기운에 가로수 눈 비비고
외로운 나그네의 무심한 옷깃소리
긴 침묵 그리 아파서 실어증을 앓고 있나.

흙벽 성 높이 쌓고 토담 둘러 갈대 집을,
큰 솥 걸고 도란도란 웃음 꽃 풀던 강물
오늘도 인정 메고서 지나가는 바람소리.

*서울시 강동구에 있는 유적지

들국화의 독백

하얀 볼 고운 몸짓 뉘 있어 던져보랴
석양도 흔들리는 찬 바람 젖은 옷깃
언덕을 주저앉아서 외로움을 꿰맨다.

먼 별빛 숨소리가 살 속 깊이 꽂히는 밤
그리 시린 무서리에 살진 가슴 어쩔 거나
바람아 목마른 밤을 그냥 가면 울음이다.

보정동 가는 길

보정동 가는 길은
청 솔밭 맑은 노래

영산홍 유혹 따라
황혼을 밟다 보면

먼 별빛 봄바람 타고
내 앞섶을 풀고 있다.

*보정동: 경기도 용인시 기흥에 있는 산언덕 마을

강변 산책

미련을 내던지니 눈빛이 되려 맑아
물안개 꽃 길 젖는 강변은 사랑 노래
어쩌랴 물안개처럼 달라붙는 목소리.

두 귀를 활짝 여니 다가오는 물결소리
흔들리는 이슬방울 자정을 밟다 보면
푸른 별 봄바람 타고 내 옷깃을 당긴다.

갯벌

밀물 썰물 고향 바다 쪽빛 너울 넓은 가슴
돌아앉은 돌섬 하나 닿을 듯 손 내밀고
석양에 갯벌 이랑들 어깨춤에 시를 쓴다.

바지락 밀 조개는 옥 빛 속살 여무는데
아낙네 호미 끝은 오늘도 야무지다
밀리는 파도소리에 닻 내리는 초승달.

바람으로 서서

산 속에 살다 보니
아랫동네 인정이

구름 속 앉아 보니
세상 더욱 궁금하다

꽃 그늘 바람으로 서서
오며 가며 한세상.

4부
세미원

큰 선비 푸른 눈빛은
꽃 향기로 하늘 연다

돌샘

장마에도 넘침 없고
가뭄에도 마름 없어

별 내려 남은 잡티를
걸러내는 그 무심

나그네
꽃잎 헤치며
깊은 갈증 털고 있다.

세미원洗美苑*

불이문不二門 돌아들면 모두 다 하나 된다
징검돌이 꽃이 되고 흰 구름도 한 송이 꽃
바람은 맑은 햇살로 젖은 옷깃 헹군다.

볼그레 연꽃송인 동승의 합장인가
청풍에 하늘대는 꽃잎은 바라춤을,
긴 꽃대 흔들리는 건 세속 터는 몸살이다.

백 번을 요동친들 깊은 뿌리 흔들리랴
아픈 세월 옹이마다 송백*은 목말라도
큰 선비 푸른 눈빛은 꽃 향기로 하늘 연다.

*세미원: 경기도 양평군 양서면에 조성한, 물과 꽃의 정원
*송백헌松柏軒: 추사 '세한도'가 있는 '세한정'을 본떠 만든 집
*제1회 포은시조문학상 수상작(2017)

주련*

봐도 그만, 안 봐도 그만 뉘 있어 시비하랴
글자마다 선비 정신, 구구절절 삶의 지혜
기둥을 높이 세우고 청풍 감는 경구*여.

알아 그만, 몰라도 그만 그 누가 나무라나
목탁소리 터는 세속 기둥 돌아 하늘 멀리
공空이라 말하려는가 있고 없음 그 거리는.

내 마음 텅 빈 벌에 기둥 하나 세워놓고
낮에는 구름 따라 밤에는 별빛 따라
한 자씩 훔쳐다 걸고 내 것이라 말하리라.

*주련 柱聯: 기둥이나 벽 등에 장식으로 써서 붙이는 연구
*경구 警句: 기발한 생각이나 도덕적·예술적 진리를 간결하고 날카롭게 표현한 구

산골 종착역

산골의 종착역은 가을의 독백이다
옷깃 푼 산 국향을 물고 오는 새 한 마리
가랑잎 속 울음소린 달빛 끝에 뒹굴고.

되돌아 갈 수 없고 더 갈 곳도 없는 비탈
그래도 떠나야만 어딘가에 갈 수 있어
톺아온 나그네 눈빛 바람 위에 걸친다.

날씨

오늘의 아침 날씬 아무래도 아픈가 보다
거리의 눈빛들이 초점을 상실하고
지하철 회색 계단을 짐작으로 내려간다.

어차피 세월이야 짐작으로 걷는 것을,
날씬들 상관하랴 가슴은 항상 바람
눅눅한 골목길 그늘 배롱꽃이 떨고 있다.

물동이

아프리카 물동이는 하루 종일 걷는다
군살 박힌 맨발바닥 회색 먼지 쓸어가며
황토 빛 한 바가지 물, 목덜미는 소금이다.

세숫대야 잘름잘름 맑은 물 받아놓고
손 씻다 엎드리니 내 얼굴 도망갔네
오늘도 나의 소녀야, 핏빛 군살 절름대나.

세월의 미소

못 마땅해 짜증내도 넌 항상 모르는 척
꽃 빛 사랑 고백해도 언제나 외면하고
내 발길 어둠 헤매도 눈을 감는 네 무심.

꿈꾸는 칠월 바다 쪽빛 노래에 귀를 열고
복사꽃 국화 향엔 상그레 미소인데
허기진 내 목소리는 왜 못들은 척 귀를 막나.

하도 시려 네 옷깃을 살짝 훔쳐 들어가도
무심한 건 '네'가 아닌, '나'라는 아픔으로
오늘도 목마른 하루, 너도 웃고 나도 웃고.

향수를 달래며

– 정지용 생가를 찾아서

꿈엔들 잊지 못할, '향수'를 달래려고
옥천 벌 달려가니 님은 멀리 여행 중
꽃 향기 맨발로 나와 내 옷소맬 당긴다.

아직도 옛이야기 풀고 있는 실개천은
담장 그늘 돌아 돌아 남쪽 벌로 흐르는데
벌 나비 날개 접고서 먼 설화를 따고 있다.

흔들리는 등잔 아래 들릴 듯 깊은 숨결
질화로는 꺼졌는가 짚 베개는 또 어디로
푸른 꿈 쏘아 올린 화살 어느 하늘 날고 있나.

*정지용 문학관: 충북 옥천 생가 터에 있음

시간의 깃을 세우고

백 번을 나는 연습 구르고 떨어지고
참새도 독수리도 아픈 몸짓 피 멍 져야
너른 벌 파란 하늘이 모정이듯 다가와.

눈과 귀 열렸어도 어둠처럼 안개 깊어
눅눅한 삶의 질곡 트인 문 어디인가
내 시간 날고픈 마음 젖은 옷깃 툭툭 턴다.

마디

마디 굵은 나무를 볼품 없다 말하는가
언제나 거친 바람 세월 감는 그 무게
대나무 파란 몸짓은 생명의 띠 졸라매고.

얕은 뿌리 가는 마디 미련을 오르지만
남풍 한 번 냅다 불면 휘청휘청 긴 그림자
꽃송이 그리 무거워 아카시안 눈물이다.

마디 없이 오르려는 욕망은 아픈 허상
오르다 추락하는 게 된서리 탓이라고,
덧입은, 젖은 옷들을 제 살점이라 말한다.

징 소리

쇠 메로 힘껏 쳐라 혼절할 그 때까지
두께를 가늠하며 틀어짐도 두드려라
천 번을 트집잡아야* 얻어지는 네 이름.

모자람도 지나침도 허용 않는 손끝이사
넉넉하고 깊은 울림 세상 잡것 품었다가
터지는 광명의 소리 어우러진 하늘 땅.

*트집잡기: 징을 만들 때 쇠의 두께나 틀어진 부분을 바로 잡는 작업

그늘에 핀 꽃

서두를 게 무엇인가
음陰과 양陽 상관하랴

기다리는 아름다움,
맑은 향기 앉는 달빛

이울랑 네 그늘로 앉아
천 년 세월 살고지고.

둠벙 푸기

보채는, 굵은 햇살 쏟아지는 가을 벌판
갈대 이고 사는 둠벙 빗질하는 외로움에
지나는 흰 구름 한 점 하얀 미소 내려놓고.

어릴 적 친구들과 하루 종일 물을 펐지
참게도 미꾸라지도 제 집으로 깊이 숨고
허기는 깨진 바가지 구름마저 퍼 올려.

여무는 이삭마다 황금빛 너울너울
서걱대는 바람 한 점 내 빈 손 만지면서
'잡은 게 무엇이냐'고 걱정스레 묻는다.

죽순竹筍

대숲이 수상하다 시간이 멈춘 새벽
흙 살이 터지는 소리 댓잎은 떨리는데
숨소리 가까이 마라, 어둠 여는 촛불이여.

속살까지 파고드는 서녘 달빛 정은 깊어
촉촉한 이슬방울 호흡을 빗질하며
여명을 녹이는 몸짓 천둥엔들 흔들리랴.

향긋한 옥 빛 가슴 살 오르는 이 아침에
상그레 맑은 햇살 그늘마다 꽂히는데
파아란 하늘을 여는, 천 년 고운 사랑이여.

잡초들의 노래

텃밭에 두어 이랑 아침 저녁 갈아놓고
무엇을 심을 건가 며칠을 망설이다
나아가 씨 뿌리려 하니 잡초들이 활짝 웃어.

햇살이 그리운가 가는 목 길게 빼고
터지는 봄의 노래 이랑마다 타는 사랑
생명에 귀천 있더냐, 나도 목청 흔들어.

발효의 조화

전통 된장 섞어 찌개
조금은 낯이 설다

짠 맛에 텁텁하고
맵싸한 맛 속살 아려

한 평생
발효된 조화
미소 짓는 어머니.

길림 시조백일장*

문장도 매끄럽고
표현도 멋스럽다

우리 시조 백일장에
그 열기 몸살인데

밀물 진 감동의 눈빛이
슬픔으로 젖는 뜻은.

*한국시조협회에서 '시조의 세계화' 일환 사업으로, 중국 시평에 있는 길림사대에서 '시조백일장'을 개최했는데, 그 열기가 뜨거웠다. (2014년 6월 4일)

화장을 지우는 여인

초승달 파란 눈썹,
고운 볼 찍던 지명知命

세월은 귀 밑에 숨어
아픈 잡티 문지르다

흰 서리 내리는 아침
제 눈빛을 되찾는다.

갈매기

추억처럼 오는 너는
파도를 밟고 운다

어쩌면 못다 푼 정
바위섬에 걸쳐놓고

모래밭 해당화 그늘
하얀 꿈을 앓는가.

오악산인*을 기리며

서천의 화양 골은 햇살도 그리 고와
앞뒤 산 소나무 숲 짙푸른 그늘 아래
대나무 푸른 마디는 님의 초당 감싸고.

108장 관서악부* 그 마음 머언 별빛
관산융마* 애송시를 모르는 이 누구더냐
쓸쓸한 가을 강바람 높은 누樓에 오르고.

가신 님 무덤가에 세월은 걸터앉고
청솔잎 흔들리는 맑은 소리 끝쯤에서
지나는 나그네 시인 옷깃 여며 서 있다.

*五嶽山人: 신광수의 호('석북집 石北集'이 있음)

*關西樂府: 악부 이름.

*關山戎馬: 신광수의 대표적 한시

*충남 서천군 화양 신광수 고향에서 '시조명칭유래비'를 세움 (2014.10.30. 한국시조협회서천문화원신씨문중 합동)

시인은

시인은 말을 한다 그늘 깊은 푸른 언덕
숲 속의 풀잎들이 시린 어깨 흔드는 건
외로운 시간에 걸린 먼 바람 탓이라고.

아련한 옛이야기 단풍으로 물드는 건
못 잊을 눈빛들이 젖어 우는 탓이라고,
가을이 지나는 소리 목마름은 타는데.

시인은 노래한다 복사꽃 강물소리
하얀 계절 끝자락에 꽃씨 하나 던져놓고
에돌아 청산 그 너머 봄을 캐러 간다고.

들길을 걸으며

가다가 가다가는 네 눈빛 지치거든
두렁에 걸터앉아 하늘 끝을 보아라
마음 속 젖은 옷깃일랑 갈대밭쯤 던지고.

저물어 해 저물어 땅거미가 흔들거든
타다 남은 황혼 위에 시린 갈증 걸쳐놓고
찬 이슬 어깨 털면서 별의 독백 들어라.

사유思惟가 눈뜨는 날

해가 지면 달이 뜨고 달이 지면 별빛 맑아
하루가 내 하루가 그렇게 무심해도
사유가 눈뜨는 날엔 난 눈을 감는다.

찬 서리 치는 밤도 내 호흡 달래면서
다소곳이 마음자락 어둠을 빗질하면
목마른 나의 이름은 밤새도록 달려온다.

우거지 한술 밥에 푸른 아침 세워본다
앞섶 푼 하얀 가슴 창문 없는 하늘 닮아
영혼이 눈뜨는 날엔 나는 나를 만난다.

군살 떼어내기

옹이처럼 박힌 군살 발바닥이 아파 울고
빈 가방 젖은 무게 어깨는 깊은 통증
허기진 하루 시간이 식은 땀만 흘린다.

바람은 군살 빼려 바위산을 흔들고
강물은 속살 떼려 온몸을 뒤트는데
무심을 흐르는 세월 '무슨 걱정 있느냐' 고.

평생을 절름대며 저린 군살 짊어지고
내 살점 아닌 것을 내 것이라 우기다가
낯선 곳 여문 별빛 아래 조약돌로 뒹군다.

길을 걸으며

발등 보면 방향 잃고 멀리 보면 허기진다
옆을 보면 흔들리고 위를 보면 어지럽다
차라리 두 눈 감으면 어지럼증 가실까.

눈 감고 풀밭 길을 맨발로 밟아본다
봄 꽃들 웃음소리 맑은 바람 옷깃 잡네
은하가 여무는 밤엔 어디로든 길은 있다.

5부

보리암 가는 길

모정이 그리 아파서
『구운몽』을 쓰셨나

보리암 가는 길

서포*의 귀양 길은 구름 밖 깊은 풀숲
남해 섬 끝자락에 빈 봇짐 던져놓고
모정이 그리 아파서 구운몽을 쓰셨나.

시월의 단감 향이 고갯길을 앞지르면
밀려오는 파도소리 노송 가지 흔들리고
뱃머리 어선 두어 척 가득 실은 꽃 빛 석양.

바위 끝 선정禪定*에 든 보리암* 천 년 미소
맨날 보는 쪽빛 절경 눈을 감고 무릎 친다
흩뿌린 푸른 섬들은 '정토淨土가 어디냐'고.

*서포 김만중은 남해로 귀양을 가서 홀로 계신 어머니를 위로하기 위하여 하룻밤 사이에 『구운몽』을 썼다고 함.

*선정: 참선하여 삼매경에 이름.

*보리암: 경남 남해섬 금산에 있는 사찰

고물상을 찾았더니

이외수는 철창 속에 들어앉아 글을 썼다*고
내 그리 하고 싶어 고물상을 찾았더니
철창은 누가 가져갔나 밑 빠진 대야 하나.

주인은 고물 사러 여명을 짊어지고
녹슨 쇠칼 두드리며 할머니 하는 말이
"젊은 이, 잘못 들었네 병원 길은 저쪽인데."

*소설가 이외수는 고물상에서 감옥 철창을 구입해 방안에 놓고 그 속에서 탈고할 때까지 문을 열지 말라고 아내에게 당부하고 글을 썼다고 함.

*상황의 힘을 이용하여 실천할 수밖에 없도록 자신을 속박하는 방법을 '가두리기법'이라고 함.

가두리 양식장

가두리 양식장엔 물도 돌고 고기도 돌고
같은 모습 같은 빛깔 먹이도 한가진데
어쩌다 꼬리 뜯긴 놈은 제 갈 길을 못 찾아.

시간의 질곡 속에 빛깔 없는, 흐린 눈빛
갈 방향 어디인가 이리저리 몸살하다
스스로 미련만 감으며 빙빙 도는 내 하루.

노櫓를 잃어봐야

젓던 노 잃어봐야
바다가 보인다고

인생 길 헤매봐야
세상이 보이는가

역풍에
돛을 올리는
어머니여 사랑이여.

마음의 가시

삭히지 아니 해도
생선회는 부드럽다

입안 가득 향긋한 맛
굳은 속살 녹이는데

내 마음 얼마를 더 삭혀야
깊은 가시 녹일까.

나목裸木의 꿈

황홀한 꽃 빛 살점
필연을 떨어내고

알몸으로 별을 따는
시린 꿈 젓는 밤에

비워야 더 성숙하는 걸
너는 알고 있구나.

심지

아주까리 기름 접시 심지는 옆으로 눕고
석유등잔 헝겊 심지 언제나 꼿꼿한데
태워야 밝아진다는, 아픔마저 태우는가.

심지 없이 타는 불은 소멸의 허상이다
하얀 촛불 돋아놓고 내 심지를 찾아봐도
워낙에 더디 자라서 한참 깊이 있나 보다.

과일을 깎으며

껍질이 두꺼우면 실속 없다 나무라고
너무 얇아 물러지면 한물갔다 외면한다
그래도 살진 가슴엔 햇살 향이 따뜻하다.

내 마음 굳은 껍질 색깔도 향도 없다
몇 겹을 벗겨봐도 덜 찬 속살 풋냄새뿐
어둠 속 슬픈 허상만 갈증으로 누워 있다.

백두산을 오르며

1

깊은 산속 여인들*이 미인대회 하나보다
예쁜 소녀 비스듬히 눈 가리는 부끄럼에
몸 씻던, 젊은 여인들 따라오는 하얀 유혹.

2

꺾어지고 틀어지고 오르는 길 현기증에
하늘 가린 검은 바위 순간 핏줄 멈춰버려
구름도 못 오를 여기, 흰 옷 입은 백두야.

3

유월 햇살 모자라서 얼음 이불 못 벗는가
천 길 절벽 양지 아래 꽃 빛은 저리 고와
바람아, 천지天池 흔들어라 푸른 속살 보고 싶다.

*시조협회 임원들 백두산 등정(2014. 6. 2)

용정龍井을 지나며

일송정一松亭 높은 정기 돌아내린 해란강은
용두레 깊은 우물 세월로 가려놓고
푸른 뜻 천 년을 흘러 너른 벌은 아픔이다.

죽어가는 것들을 사랑하던 겨레 시인*
어느 하늘 별빛 아래 또 '서시'를 쓰고 있나
오늘도 스치는 바람은 맑은 별빛 흔드는데.

*겨레 시인: 윤동주(용정에서 태어남)

아, 두만강

강물도 답답한가 제 얼굴빛 아니구나
국경을 마주 잡고 아픈 세월 꿰매는 너,
뭐 그리 급한 일 있어 눈빛 한 번 안 주는가.

물 한 모금 움켜쥐고 내 가슴 비춰보니
눈물이 왈칵 쏟아 하늘에도 길이 없다
젖은 눈 강 건너 산하 슬픈 적막 흔들려.

조약돌 2

천 번을 뒤집히고 구른다 하더라도
조금은 밀릴망정 가슴은 아니 깨져
비바람 거친 물살에 세월 더욱 다진다.

해와 달 뜨고 지고 먼 별빛 맑게 내려
타버린 외로움을 만져주는, 따슨 숨결
한천 년 아픔을 감는 정토 위의 네 무게.

커피를 마시며

진갈색 피어 오른 하아얀 외로움이
마주 앉은 내 입술에 향을 살짝 문지르면
황혼은 흔들리는 창가에 시린 시간 마신다.

보글보글 끓인 찻물 삶의 허기 달래주고
구수하고 아릿한 맛 가슴 응혈 녹여주네
창밖에 눈이 내린다 나는 나를 마신다.

떨이

권태를 팔아볼까 골목시장 찾았더니
칠월이라 복더위에 골목이 다 누워버려
석양도 제풀에 지쳤나 땀 자국만 훔치네.

그늘 끝 시든 야채 긴 목을 못 가누고
'떨이'라 외쳐봐도 지나가는 그림자뿐
할머니, 남은 세월일랑 떨이하지 마세요.

보정동에서

물먹은 장작처럼
무거운 아침나절

창문 열고 멀리 보니
고속도로 목마름들

가슴에 이는 갈바람
돌아보니 꽃 단풍.

철드는 나이

눈빛이 흔들려서
먼지가 안 보이고

두 귀도 한참 멀어
온갖 소음 아니 들려

세월은 그리 아파야
철들어 가나보다.

빈 둥지

허전한 마음이야
세월 탓만 아니리라

눅눅한 빈 둥지를
채울 게 하나 없네

바람아, 흰 구름 꾀어
젖은 둥지 채워다오.

절을 찾는 여인

절간을 찾는 여자
승려의 눈에 반해

떫은 정 던져주고
돈만 챙겨 간다 하네

보시布施가 따로 있더냐
고뇌 함께 건너는.

낙엽의 무게

갈바람 굵은 빗질 굳이 하여 무엇 하랴
꽃 비인가 다홍 물결 석양도 깊이 젖어
왜 하필 타는 몸짓을 내 가슴에 던지나.

봄에 여름 비바람에 시린 소매 흔들다가
곰삭은 모정인가 허기마저 다 털어주고
떠나는 너의 눈빛은 성스러운 떨림이다.

미련의 조각들로 내 시간은 도배인데
잡티를 걸러내는 속 마음 별빛 고와
고독한 비움의 아픔 네 무게를 줍는다.

양푼 매운탕 집

갈대 숲 돌아들면
찌그러진 '양푼집'이,

보글보글 매콤한 맛
몸살하는 인정 담아

한평생 쌓인 내 갈증
양푼 속에 끓인다.

달력을 넘기는 봄 향기

봄 향기가 창문 열고
상그레 미소 진다

벽 달력 몇 번 넘겨
살포시 앉더니만

내 얼굴 곁눈질하며
삶의 권태 문지른다.

행간만 살아온 시간

사물을 그릴 때는
속살까지 벗겨내야

그 아픔 만지면서
멋진 노래 부를 텐데

행간만 살아온 시간
돌아보니 빈 들녘.

골목시장을 거닐며

코 끝을 스쳐가는 구수한 유혹 따라
골목시장 돌아드니 떡 집에, 막국수 집
주머니 텅 빈 속살까지 파고드는 고향 맛.

멀건 죽 한 사발에 뒤척이던 밤은 깊어
왜 그리 보채는지 잠인들 곤히 오랴
그래도 처마 밑 웃음들 햇살이듯 사랑이.

골목시장 모퉁이에서 떡 한 조각 채웠는데
먹어도 배고픈 건 가난의 내력인가
내 마음 허기진 사연 세월 불러 들으련다.

깨지는 것들

질그릇만 깨어지랴 도자기도 깨어진다
파도만 부서지랴 빗방울도 부서진다
눈빛이 길을 잃으면 내 시간도 깨진다.

깨어진 하루 시간 조각조각 꿰매봐도
몰라라 틈새마다 미련은 깊이 박혀
무심을 덧칠하면서 내 마음을 달랜다.

시조 사랑 위한 축시

내 마음 고운 햇살 불꽃으로 타는 날에
뜨락의 그늘 끝쯤 꽃씨 하나 뿌려놓고
무딘 손 젖은 시간을 온몸으로 덖는다.

느티나무 파란 가슴 흔들리는 눈빛이야
갈증을 털어내는 먼 하늘 아픈 몸짓
역풍은 하얀 날개 위에 꽃 향기를 뿌린다.

가을이 여무는 밤 님 따라 사랑 따라
국화 향 한 잎 꺾어 외론 영혼 달래보면
푸른 별 세월을 물고 자랑으로 반짝인다.

제17회 월하시조문학상 심사평

고운 노래 실개천의 하얀 눈빛 밟노라니
소맬 잡는 금빛 햇살 따슨 미소 길을 막아
연못가 옥색 물무늬 던져보는 내 마음.

아침나절 창포 꽃이 앉아 놀다 갔나 보다
풋풋한 향냄새가 살 속 깊이 파고들면
빈 손을 살고 있어도 가슴 가득 꽃향기.

지난 밤 별빛들이 흘리고 간 사랑 얘기
아직도 꽃 빛 체온 가시지 않았는가
아쉬워 파란 바람도 뒤돌아서 귀를 연다.

「연못가에 앉아서」 전문

지난 4월 22일 세 분의 심사위원을 모시고 2016년도 제17회 월하시조문학상 심사를 진행하였다. 지난해 ≪시조문학≫지에 발표된 작품 중에서 작품의 수준과 시인의 문단 경력 등을 고려하여 1차 심사에서 문복선 외 세 분의 작품 4편을 수상 후보작으로 엄선하였다.

본심에서 심사위원은 1차 선정된 작품을 무기명으로 숙독하고 논의를 거듭한 끝에 문복선 시인의 「연못가에 앉아서」를 올해 수상작으로 결정하였다. 수상작으로 선정된 「연못가에 앉아서」는 시조의 정형성과 서정성을 잘 살려내면서도, 시조의 주제 및 제재가 갖는 특성을 신선한 이미지와 시적 표현으로 잘 형상화했다는 심사위원의 공통된 의견이었다. 자칫 제목이 주는 정적靜的이고 상투적으로 흐르기 쉬운 시상 전개를 탈피하고, 시적 자아인 '내 마음'의 흐름과 향방을 첫째 수에서는 "옥색 물무늬에 던져보는 내 마음"으로, 둘째 수에서는 "빈 손을 살고 있어도 가슴 가득 꽃향기"로, 셋째 수에서는 "별빛들이 흘리고 간 사랑얘기"로 물이 흐르듯 동적(動的)으로 자연스럽게 시상을 연결시키면서 시적 의식을 심화시키고 있다는 점이 매우 인상적이다.

시적 표현 면에서도 각 수마다 "옥색 물무늬 던져보는 내 마음", "창포 꽃이 앉아 놀다 갔나 보다", "아쉬워 파란 바람도 뒤돌아서 귀를 연다" 등의 표현은 시적 공간이 살아 있는 듯한 현실감을 효과적으로 표현함과 동시에, 그 공간 안에 있는 시적 자아의 심리가 잘 투영되어 있다는 점에서 매우 신선한 공감력을 얻게 된다. 그리고 작품의 언어적 구조가 아주 매끄럽고 탄탄하며, 여러 시적 소재와 그 배경을 통하여 정제된 정서를 시적 진실의 세계로 끌어 올려 형상화한 작품으로 높이 평가된다.

2016년 5월 28일

심사위원: 김준 · 이승원 · 박영우(대표집필)

제1회 포은시조문학상 심사평

불이문不二門 돌아들면 모두 다 하나 된다
징검돌이 꽃이 되고 흰 구름도 한 송이 꽃
바람은 맑은 햇살로 젖은 옷깃 헹군다.

볼그레 연꽃송인 동승의 합장인가
청풍에 하늘대는 꽃잎은 바라춤을,
긴 꽃대 흔들리는 건 세속 터는 몸짓이다.

백 번을 요동친들 깊은 뿌리 흔들리랴
아픈 세월 옹이마다 송백은 목말라도
큰 선비 푸른 눈빛은 꽃향기로 하늘 연다.

「세미원洗美苑」 전문

우리 [사)한국시조협회]가 시조 발전이라는 큰 포부를 안고 <대은시조문학상>에 이어 이번에 새로이 <포은시조문학상>을 제정하게 된 것을 참으로 자랑스럽게 생각한다. 따라서 작품 심사도 뛰어난 작품을 뽑겠다는 강한 의

지로, 본 협회 초대 회장이신 원용우 고문과 2대 이사장이신 이광녕 명예이사장 그리고 3대 이사장인 이석규(본인)가 심사에 임했다. 마지막까지 면밀하게 살피고 논의를 거듭한 끝에 문복선 시인의 「세미원」을 뽑기로 하는 데 의견 일치를 보았다.

이 작품은 '세미원'이라는 잘 가꿔놓은 물과 연꽃 정원을, 시인의 특유한 사변적, 심미적 인식을 토대로 '하늘을 여는' 내면적 낙원으로 의미를 부여하고 있다. 물론 그 과정에서 그 문을 통과해야만 비로소 진리에 도달할 수 있다는 불이문(不二門)의 설정이라든지, 진리의 낙원에서는 모든 것이 꽃이 되고 춤이 되며, 기도가 되는 모습을 연출하는 등, 연꽃과 바람과 꽃대의 몸짓 하나하나가 모두 적절하면서도 참신한 메타포의 프리즘을 통해서 생동하는 감각적 세련미를 멋지게 표현하고 있다. 게다가 세 수 모두 종장 처리가 정말 신선하고 아름답다. 그리하여 탈속의 경지에서 마침내 하늘을 열어가는 끝없는 자기 수련과 격조 높은 이상세계를 창출하고 있다.

요컨대 「세미원」은 이러한 모든 것들이 서로 조화를 이루어, 마침내 높은 예술의 경지까지 끌어올린 이미지의 절창이라 할만하다.

작품에 나타난 순결하고도 초연함 그리고 속으로 흐르는 기상 못지않게, 이 시조를 쓴 문복선 시인의 인간됨 또

한 겸손하고 성실하다. 사람이나 어떤 일을 대할 때마다 헌신적으로 최선을 다하고, 명예나 이익 앞에서는 언제나 손을 털고 돌아서는 결곡함을 보여주는 천생 타고난 시인임에 틀림없다.

훌륭한 시인의 멋진 작품을 수상작으로 뽑게 된 세 분 심사위원들의 기쁨을 전하면서 심사 소감을 줄인다.

2017년 11월 21일

심사위원: 원용우 · 이광녕 · 이석규(대표집필)